BEI GRIN MACHT SICH IHR WISSEN BEZAHLT

- Wir veröffentlichen Ihre Hausarbeit, Bachelor- und Masterarbeit

- Ihr eigenes eBook und Buch - weltweit in allen wichtigen Shops

- Verdienen Sie an jedem Verkauf

Jetzt bei www.GRIN.com hochladen und kostenlos publizieren

Bibliografische Information der Deutschen Nationalbibliothek:

Die Deutsche Bibliothek verzeichnet diese Publikation in der Deutschen National-
bibliografie; detaillierte bibliografische Daten sind im Internet über http://dnb.d-
nb.de/ abrufbar.

Impressum:

Copyright © 2020 GRIN Verlag
Druck und Bindung: Books on Demand GmbH, Norderstedt Germany
ISBN: 9783346190048

Dieses Buch bei GRIN:

https://www.grin.com/document/704026

Dieter Müller

Öffentliche Verkehrsmittel und Schulbusse (§ 20 StVO). Wie können Unfallrisiken im Busverkehr minimiert werden?

GRIN Verlag

Die Schutzvorschrift des § 20 StVO als Begrenzungsnorm für Unfallrisiken im Busverkehr

Prof. Dr. jur. Dieter Müller, Bad Dürrenberg

Inhaltsverzeichnis

I. Der Schutzzweck des § 20 StVO

Der Sinn und Zweck der Vorschrift des § 20 StVO[1] sowie nahezu sämtlicher darin enthaltenen Einzelregelungen (Ausnahmen: besonderes Überholverbot in Abs. 3, Vorrangregelung in Abs. 5) ist es, die Fahrgäste von öffentlichen Verkehrsmitteln und Schulbussen vor Gefahren, die ihnen von dem Fahrzeugverkehr drohen, effektiv zu schützen. Damit wird durch die Vorschrift des § 20 von staatlicher Seite versucht, die verfassungsrechtliche Schutzpflicht des Art. 2 Abs. 2 Satz 2 des Grundgesetzes (GG) konkret in der Weise umzusetzen, für das Leben und die körperliche Unversehrtheit der in Deutschland lebenden Menschen durch verkehrsrechtliche Handlungsanweisungen insbesondere für die Fälle der Begegnungen zwischen öffentlichen Verkehrsmitteln und dem Fahrverkehr persönlichkeitsschützend zu wirken.

Die Norm lautet:

> ### § 20 Öffentliche Verkehrsmittel und Schulbusse
>
> *(1) An Omnibussen des Linienverkehrs, an Straßenbahnen und an gekennzeichneten Schulbussen, die an Haltestellen (Zeichen 224) halten, darf, auch im Gegenverkehr, nur vorsichtig vorbeigefahren werden.*
> *(2) Wenn Fahrgäste ein- oder aussteigen, darf rechts nur mit Schrittgeschwindigkeit und nur in einem solchen Abstand vorbeigefahren werden, dass eine Gefährdung von Fahrgästen ausgeschlossen ist. Sie dürfen auch nicht behindert werden. Wenn nötig, muss, wer ein Fahrzeug führt, warten.*
> *(3) Omnibusse des Linienverkehrs und gekennzeichnete Schulbusse, die sich einer Haltestelle (Zeichen 224) nähern und Warnblinklicht eingeschaltet haben, dürfen nicht überholt werden.*
> *(4) An Omnibussen des Linienverkehrs und an gekennzeichneten Schulbussen, die an Haltestellen (Zeichen 224) halten und Warnblinklicht eingeschaltet haben, darf nur mit Schrittgeschwindigkeit und nur in einem solchen Abstand vorbeigefahren werden, dass eine Gefährdung von Fahrgästen ausgeschlossen ist. Die Schrittgeschwindigkeit gilt auch für den Gegenverkehr auf derselben Fahrbahn. Die Fahrgäste dürfen auch nicht behindert werden. Wenn nötig, muss, wer ein Fahrzeug führt, warten.*
> *(5) Omnibussen des Linienverkehrs und Schulbussen ist das Abfahren von gekennzeichneten Haltestellen zu ermöglichen. Wenn nötig, müssen andere Fahrzeuge warten.*
> *(6) Personen, die öffentliche Verkehrsmittel benutzen wollen, müssen sie auf den Gehwegen, den Seitenstreifen oder einer Haltestelleninsel, sonst am Rand der Fahrbahn erwarten.*

Zu den öffentlichen Verkehrsmitteln sind diejenigen Kraftfahrzeuge und Schienenfahrzeuge zu rechnen, deren Auftrag es ist, im Rahmen der öffentlichen Daseinsvorsorge in ausreichendem Maß Angebote zur Personenbeförderung im Linienverkehr bereit zu halten. Zu diesem Zweck werden Kraftomnibusse (KOM) gem. § 4 Abs. 4 Nr. 2 PBefG[2], Straßenbahnen gem. § 4 Abs. 1, 2 PBefG und die aktuell in einer Renaissance der Elektromobilität wieder sehr gefragten

---

[1] Im Folgenden sind sämtliche genannten §§ solche der Straßenverkehrs-Ordnung (StVO) vom 6. März 2013 (BGBl. I S. 367), zuletzt geändert durch Artikel 1 der Verordnung vom 20. April 2020 (BGBl. I S. 814). Wird ein Absatz (Abs.) genannt, handelt es sich jeweils um einen des § 20 StVO. Eine aktuelle Version der StVO findet sich u. a. im Format PDF im Internetangebot des Bundesministeriums für Justiz und Verbraucherschutz (BMJV) unter der Internetadresse: https://www.gesetze-im-internet.de/stvo_2013/. Dieser Beitrag versteht sich als Momentaufnahme und Gedankenanregung, keineswegs wird hier „der Weisheit letzter Schluss" präsentiert; denn Wissenschaft ist – auch in der Verkehrssicherheit – immer im Fluss.

[2] Personenbeförderungsgesetz in der Fassung der Bekanntmachung vom 8. August 1990 (BGBl. I S. 1690), zuletzt geändert durch Artikel 4 des Gesetzes vom 3. März 2020 (BGBl. I S. 433). Eine aktuelle Version des PBefG findet sich u. a. im Format PDF im Internetangebot des Bundesministeriums für Justiz und Verbraucherschutz (BMJV) unter der Internetadresse: https://www.gesetze-im-internet.de/pbefg/index.html.

Obusse gem. § 4 Abs. 3 PBefG eingesetzt. Eine besondere Art der öffentlichen Verkehrsmittel in dem eben dargestellten Sinne sind Schulbusse, die mit der Daseinsvorsorge des sicheren Schülertransports beauftragt sind.

Der örtliche Schutzbereich der Vorschrift bezieht sich jeweils auf die räumliche Umgebung von Haltestellen für den öffentlichen Personenverkehr, die im Regelfall (vgl. dazu die Abs. 1 bis 4) mit Zeichen 224 (lfd. Nr. 14 der Anlage 2 zu § 41 Abs. 1 StVO) gekennzeichnet sind. Die gesteigerte Sorgfaltspflicht des § 20 Abs 1 gilt allerdings nur an den mit dem Zeichen 224 gekennzeichneten Haltestellen, erstreckt sich aber nicht auf jedes Halten eines Linienbusses auf freier Strecke.[3]

Der persönliche Schutzbereich der Regelungen bezieht sich ausschließlich auf mögliche oder tatsächliche Fahrgäste des öffentlichen Personenverkehrs. Bereits nach der Ansicht des *OLG Hamm*[4] wurden durch § 20 Abs. 1a alter Fassung keine Fußgänger geschützt, die, ohne zuvor Fahrgäste gewesen zu sein, in Höhe eines haltenden Schulbusses die Fahrbahn zu überqueren versuchen und dadurch einen Unfall erleiden. Diese Ansicht war jedoch bereits mit der Ansicht des *OLG Köln*[5] nicht nur aus dem formalen Grund abzulehnen, weil in Abs. 1 gar keine Fahrgäste erwähnt werden bzw. weil durch einen haltenden Bus eine besondere Gefahrensituation geschaffen wird. Vielmehr ist aus der Sicht von Kraftfahrzeugführern während des Zufahrens auf einen Haltestellenbereich regelmäßig überhaupt nicht zu erkennen, ob es sich bei dem die Straße überquerenden Fußgänger um einen potenziellen oder ehemaligen Fahrgast oder einfach nur um einen Fußgänger handelt, der gerade an dieser Stelle die Fahrbahn überqueren möchte. Diese Unsicherheit erforderte die Ausdehnung des Schutzbereiches zumindest des Abs. 1 auch auf Fußgänger, die ohne zuvor Fahrgäste gewesen zu sein, die Fahrbahn im Bereich einer Haltestelle überqueren.

Eine besondere Schutzwirkung entfaltet § 20 für Kinder und ältere Verkehrsteilnehmer, da diese beiden Personenkreise erfahrungsgemäß besonders auf die Nutzung öffentlicher Verkehrsmittel angewiesen sind.
Ein institutionell begründetes oder persönlich motiviertes Interesse an der konkreten Umsetzung des Schutzzweckes der Norm liegt bei zahlreichen Organisationen, Verbänden und Personen vor. In erster Linie und stellvertretend für andere Personenkreise sind an dieser Stelle die Eltern von Millionen von Schülern zu benennen, deren Kinder werktäglich mit Schulbussen zur Schule und zurück transportiert werden. Aus dem Kreis der Organisationen und Institutionen, die ganz besonders an einem reibungslosen Funktionieren der Regelungen des § 20 interessiert sein müssen, sollten an dieser Stelle besonders die Verkehrsbetriebe und Omnibusunternehmen genannt werden. Ihre Fahrerinnen und Fahrer nehmen gegenüber ihren Fahrgästen nicht nur eine Servicefunktion wahr, sondern haben darüber hinaus auch eine Garantenstellung für deren Sicherheit beim Ein- und Aussteigen sowie während der Fahrt inne, die das Fahrpersonal zu besonders vorsichtiger Fahrweise und umsichtigem Handeln verpflichtet.

Neben dem Sicherheitsaspekt, aber auf Grund der allgemeinen Zielsetzung der StVO als Katalog verkehrssicheren Verhaltens deutlich nachrangig werden durch die Vorschrift des § 20 zwei weitere verkehrspolitische Ziele zumindest indirekt verfolgt.
Das erste dieser beiden Ziele ist die Förderung des öffentlichen Personennahverkehrs, die durch den von § 20 propagierten Vorrang von öffentlichen Verkehrsmitteln und deren Fahrgästen gegenüber dem Individualverkehr erreicht werden soll. Als weiterer indirekt verfolgter Zweck

---

[3] OLG Hamm, Urteil vom 23. November 2000 – 6 U 78/00, juris.
[4] VRS 60, 38 ff., VRS = Verkehrsrechts-Sammlung aus dem Erich Schmidt Verlag.
[5] VRS 102, 436 ff.

kann der Umweltschutz genannt werden, der durch eine vermehrte Nutzung des ÖPNV und den damit einhergehenden Verzicht auf Individualverkehrsmittel in vielerlei Hinsicht verbessert werden kann.

II. Die Verkehrssicherheit im Busverkehr

Vor allen Gedanken zur Verkehrssicherheit der öffentlichen Verkehrsmittel und Schulbusse in Deutschland steht notwendigerweise die verkehrspolitische Überlegung, die Rahmenbedingungen für den ÖPNV mit politischen Mitteln so günstig zu gestalten, dass möglichst viele Verkehrsteilnehmer, die bisher im motorisierten Individualverkehr unterwegs gewesen sind, umdenken und auf die Nutzung des ÖPNV umschwenken. Immerhin nutzten nach Informationen des Deutschen Statistischen Bundesamtes (Destatis) im Jahr 2018 bereits 9,58 Milliarden Fahrgäste in Deutschland den Linienverkehr mit Bussen und Bahnen die Angebote des ÖPNV, was einem täglichen Fahrgastaufkommen von ca. 30.000.000 Personen entspricht.[6] Der mehrfache Nutzen dieses Prozesses liegt auf der Hand und als eine der wichtigsten positiven Folgen wäre eine weitere, womöglich weit drastischere Absenkung der Verkehrsunfallzahlen und den Zahlen der dabei verunglückten Personen als bisher zu benennen – eine direkte Folge für die Verkehrssicherheit auf deutschen Straßen.

Wer sich nun darüber hinaus ernsthaft Gedanken über die Sicherheit der Fahrgäste von öffentlichen Verkehrsmitteln und Schulbussen machen möchte, muss auch bei diesem Aspekt in verschiedene Richtungen denken, aus denen Gefahren für die Verkehrssicherheit drohen können.

Mögliche Gefahrenquellen können sich ergeben aus:[7]

1. dem Verhalten von Kraftfahrzeugführern, die den öffentlichen Verkehrsmitteln und Schulbussen begegnen,
2. der baulichen Gestaltung von Haltestellenbereichen (siehe Kap. Verkehrsplanung und Verkehrsregelung),
3. der unterschiedlichen Klientel der möglichen Fahrgäste und deren Verhalten vor, während und nach der Fahrt,
4. der Sicherung von Fahrgästen in den öffentlichen Verkehrsmitteln und Schulbussen (vgl. dazu näher die §§ 21 und 21 a),
5. dem betriebssicheren Zustand von öffentlichen Verkehrsmitteln und Schulbussen,
6. der fachlichen Qualität des Fahrpersonals,
7. der Planung der Fahrtstrecke sowie dem Erstellen des Fahrplanes.

Vor einem näheren Blick auf diese grundsätzlich verschiedenen Gefahrenquellen soll im nächsten Kapitel dieser Analyse zunächst das Gefahrenpotenzial u. a. an Hand verschiedener Erkenntnisse des Deutschen Statistischen Bundesamtes, des Unfallforschung der Deutschen Versicherer (UDV) im Gesamtverband der Deutschen Versicherungswirtschaft (GDV) sowie des Bundesverbandes der Unfallkassen (BUK) beleuchtet werden.

---

[6] Quelle: https://www.destatis.de/DE/Themen/Branchen-Unternehmen/Transport-Verkehr/Personenverkehr/Tabellen/befoerderte-personen.html;jsessionid=C27E9FC0A9B3CF707CE2D33D4CBEE19C.internet8742.

[7] Nicht in diesem Aufsatz behandelt werden die Unfallrisiken in Bezug auf die Insassensicherheit. Dazu näher die Untersuchung von König et. al., Busunfälle – Untersuchung zur Insassensicherheit und aktiven Sicherheit von Kraftomnibussen auf Basis des Schadengeschehens der Deutschen Versicherer, Forschungsbericht FS 05 der Unfallforschung der Versicherer, Berlin 2012, im kostenfreien Download unter: https://udv.de/system/files_force/FB_FS.05_Busunfaelle.pdf.

III. Gefahrenpotenziale im Busverkehr

Betrachtet man zunächst die absolute Anzahl der im Straßenverkehr verunglückten Fahrzeugführer und Mitfahrer im Vergleich der unterschiedlichen Verkehrsbeteiligungen so wird schnell deutlich, dass Personen, die mit KOM und Obussen unterwegs sind, ein geringeres Unglücksrisiko tragen. Einige wenige absolute Verunglücktenzahlen sollen diese Einschätzung bestätigen. So sind im Jahr 2018 als Fahrzeugführer und Insassen von PKW insgesamt 211.560 Personen verletzt worden.[8] Als verletzte Fahrgäste von Bussen sind 6.416 Personen statistisch erfasst wurden.[9]

Sind Kinder im Rahmen von Verkehrsunfällen als Unfallopfer beteiligt, so sind sie aufgrund ihrer besonderen Physiognomie einem überproportional hohen Verletzungsrisiko ausgesetzt. Als Gründe für dieses hohe Verletzungsrisiko führen Unfallchirurgen der Unfallchirurgischen Klinik der Medizinischen Hochschule Hannover deren geringe Körpergröße, ihr geringes Gewicht und die im Vergleich zu Erwachsenen ungünstige Kopf-Körper-Relation an, die verletzungsbegünstigend und verletzungsverschärfend wirken.

Besonders drastisch verdeutlicht ein vom *OLG Karlsruhe* im Jahre 1988 entschiedener Sachverhalt die möglichen Verletzungsfolgen einer PKW-Fußgänger-Kollision beim Überqueren der Fahrbahn.[10] Der 14jährige erlitt bei einer Kollisionsgeschwindigkeit des KFZ zwischen 30 und 35 km/h folgende Verletzungen und Verletzungsfolgen:

- Schädel-Hirn-Trauma,
- Blutungen im Hirn,
- Veränderungen im Hirngewebe mit epileptischem Krampfleiden,
- stark beeinträchtigte intellektuelle und seelisch-geistige Leistungsfähigkeit.

Sein Grad der Erwerbsminderung betrug infolge dieses Verkehrsunfalls 100 %.

Nicht zuletzt durch schwere Busunfälle wurde die Aufmerksamkeit der verkehrswissenschaftlichen Forschung, aber noch mehr der Öffentlichkeit auf mögliche Sicherheitsrisiken in der Beförderung von Personen durch Busse gelenkt. Grundsätzlich sind im Rahmen dieser Betrachtung drei mögliche Arten von Busunfällen voneinander zu unterscheiden.[11]

Die drei verschiedenen Arten von Busunfällen sind bezogen auf die Verkehrsmittel:

1. Busunfälle mit Linienbussen,
2. Busunfälle mit Reisebussen,
3. Busunfälle mit Schulbussen.

---

[8] https://www.destatis.de/DE/Themen/Gesellschaft-Umwelt/Verkehrsunfaelle/Tabellen/verletzte-fahrzeugart.html.
[9] Deutsches Statistisches Bundesamt, Unfälle von Bussen im Straßenverkehr 2018, Wiesbaden 2019, S. 4, im kostenfreien Download unter: https://www.destatis.de.
[10] VRS 77, 87 ff.; auch zum Folgenden.
[11] Dazu näher Dr. Johann Gwehenberger in seinem 2003 erschienenen Fachaufsatz: „Wie gefährdet sind Buspassagiere?", auch zum Folgenden.

Eine nähere Untersuchung der Autoren *Langwieder, Gwehenberger* und *Bende* über die prozentuale Verteilung der Busunfälle mit Kollisionen auf diese drei genannten Beförderungsarten kam im Jahr 2002 zu dem Ergebnis, dass sich 50 % der Kollisionen im Linienverkehr, 35 % im Reiseverkehr und 15 % im Schulbusverkehr ereignen.[12]

Die Sicherheit an einer Bushaltestelle beginnt jedoch bereits mit einem sorgfältigen Planungsprozess. Über den Standort einer Linienbushaltestelle entscheidet die Straßenverkehrsbehörde immer im Rahmen der allgemeinen Gesetze nach ihrem planerischen Ermessen, wobei vor allem die Belange des öffentlichen Personennahverkehrs, die Erfordernisse der Sicherheit und Leichtigkeit des Verkehrs und die Interessen der von dem widmungsgemäßen Haltestellenbetrieb betroffenen Anlieger in die Erwägung einzustellen sind.[13]

1. **Busunfälle mit Linienbussen**

Nach den Erkenntnissen der Unfallforschung bei der Analyse von Linienbusunfällen hat sich das Ergebnis herausgestellt, dass bei Verkehrsunfällen ohne Kollisionen doppelt so viele Personen verletzt werden wie bei Kollisionsunfällen. In drei von vier Fällen sind für die Verletzungen, die zu einem großen Teil aus Brüchen und Prellungen bestehen, Bremsmanöver und Notbremsungen ursächlich. Für jeden sechsten dieser Verkehrsunfälle ist ein Busfahrer verantwortlich.

2. **Busunfälle mit Reisebussen**

Die Unfälle mit Reisebussen sind bei einer Betrachtung im Sinne des § 20 weniger interessant, sollen jedoch wegen des umfassenden Ansatzes dieser Erläuterungen an dieser Stelle auch nicht gänzlich unerwähnt bleiben. Bei den Reisebusunglücken der vergangenen Jahre hat es sich als Hauptrisiko ergeben, dass der Reisebus während des Unfalls umkippt oder sich sogar überschlägt. In der Folge dieser Vorgänge kommt es häufig dazu, dass Fahrgäste aus dem Bus herausgeschleudert oder eingequetscht werden. Bereits im Rahmen der Untersuchung von Busunfällen durch *Langwieder* und *Hummel* hat es sich gezeigt, dass sich bei insgesamt 241 untersuchten Busunfällen von den insgesamt 40 dabei getöteten Personen 38 dieser Passagiere in Reisebussen befunden haben. Lediglich zwei Getötete saßen in Schulbussen, während kein einziger der in Linienbussen mitfahrenden Fahrgäste bei den analysierten Unfällen getötet wurde.

3. **Schulbusunfälle**

Im Sinne des von der StVO verfolgten besonderen Schutzauftrages sind die in § 3 Abs. 2a genannten Gruppen Kinder, Hilfsbedürftige und ältere Menschen genauer zu betrachten. Das nachfolgend dargestellte Diagramm zeigt aus diesem Grund einen Überblick über die Schulwegunfälle im Straßenverkehr aus dem Jahr 2000. Danach sind in der Nutzung der öffentlichen Verkehrsmittel Busse und Bahnen weit seltener Schulwegunfälle zu verzeichnen gewesen als bei der Nutzung der Individualverkehrsmittel Fahrrad und PKW.

---

[12] „Coaches and Buses in the Accident Scene", Keszthely (Ungarn) 2002.
[13] Oberverwaltungsgericht des Saarlandes, Beschluss vom 09. Juli 2004 – 1 W 11/04, juris.

Schulwegunfälle nach Verkehrsmittel 2018

Legend: Schulbus · Sonstiger Bus · Bahn · Fußgänger · Fahrrad · Pkw · Kraftrad

Bild 2: Grafik Schulwegunfälle nach Art der Verkehrsbeteiligung im Jahr 2018 in Deutschland[14]

Nach Art der Verkehrsbeteiligung war für Schüler auf ihrem Schulweg das unsicherste Verkehrsmittel im Jahr 2000 das Fahrrad und das sicherste die Schienenbahn. Auffallend deutlich wird dabei das absolut hohe Sicherheitsrisiko des Radfahrens, an dem sichtbar wird, dass in diesem Bereich die staatlichen Aktivitäten in der Verkehrsüberwachung und der Verkehrsprävention noch nicht ausreichend gegriffen haben.

Wirft man einen Blick auf die möglichen Gefahrensituationen bei Schulbusunfällen, so werden zunächst vier Kategorien von typischen Verhaltensweisen sichtbar, die für das vor Ort herrschende Unfallrisiko von Bedeutung sind.

Gefahrenkategorien	Gefahrensituationen	Regelungen StVO
Kategorie 1	Warten an der Haltestelle	§ 20 Abs. 6
Kategorie 2	Ein- und Aussteigen	§ 20 Abs. 2
Kategorie 3	Aufenthalt im Schulbus	§§ 21, 21 a
Kategorie 4	Überqueren der Fahrbahn	§ 20 Abs. 2, 4

Hinsichtlich der Kategorien 1, 2 und 4 von Schulbusunfällen trifft der § 20 selbst Sicherungsregelungen. Hinsichtlich der Kategorie 3 treffen die §§ 21 und 21 a eigenständige Sicherungsregelungen, die hier nicht zu behandeln sind.

Aus einer leider nicht in einer aktuelleren Version vorhandenen Betrachtung der aus den genannten Gefahrensituationen in den Jahren 1998 bis zum Jahr 2000 resultierenden Verkehrsunfälle wurde – wie das nachfolgende Schaubild zeigt – deutlich, dass sich der Aufenthalt im Schulbus während der Fahrt als größtes Unfallrisiko darstellt.

---

[14] Quelle: Deutsche Gesetzliche Unfallversicherung (DGUV), Statistik Schülerunfallgeschehen 2018, Berlin 2019, im kostenfreien Download unter https://publikationen.dguv.de/widgets/pdf/download/article/3666.

Schulbusunfälle nach Gefahrensituationen in %

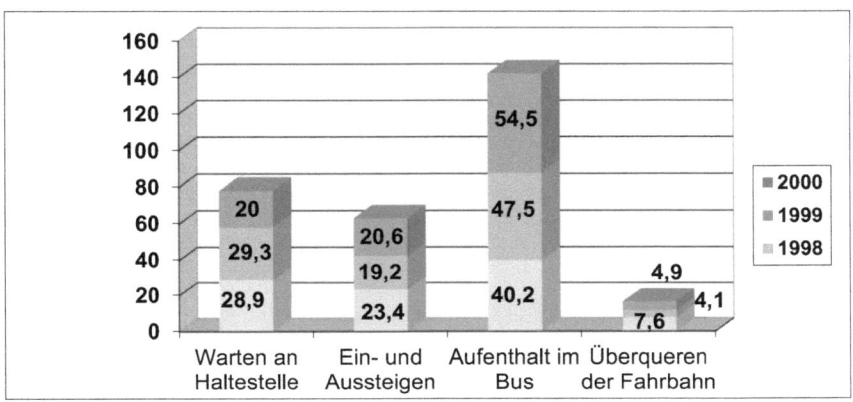

Bild 3: Grafik Schulbusunfälle nach Gefahrensituationen in den Jahren 1998 bis 2000 in Deutschland[15]

Betrachtet man dem gegenüber jedoch das besondere Risiko tödlicher Verkehrsunfälle, so tritt die Gefahrensituation „Überqueren der Fahrbahn vor Besteigen oder nach Verlassen des Schulbusses" deutlich in den Vordergrund.

Eine effektive Schulwegsicherung berücksichtigt in einem übergreifenden Ansatz sämtliche möglichen Sicherheitsbelange und beteiligt gleichberechtigt alle involvierten Instanzen. Wirkungsvolle Ansätze zur Problemlösung sind dabei aus Sicht der Verkehrsprofis in den drei Verkehrsbehörden (Straßenverkehrsbehörde, Straßenbaubehörde und Polizei) regelmäßig eine Analyse der zu lösenden Aufgaben, eine gemeinsame Ortsbesichtigung mit anschließender Auswertung, das Erarbeiten eines Maßnahmenkatalogs. Im Anschluss an diese strategischen Vorarbeiten sollte eine Elternbeteiligung auf Augenhöhe zunächst mit Hilfe eines Elternbriefes erfolgen, der bei einer engagierten Elternschaft zumeist einen fruchtbaren Diskussionsprozess in Gang setzt. Parallel dazu könnte eine Beteiligung der Lehrerschaft an den betreffenden Schulen erfolgen, bei der erfahrungsgemäß insbesondere die an den einzelnen Schulen tätigen Verkehrspädagogen involviert sind. Zu guter letzt wäre es wünschenswert, wenn aus dem Kreis der Eltern und Schüler jeweils eine Handvoll Schüler- und Buslotsen gewonnen werden könnte, um die in einem transparenten Verfahren ausdiskutierten Zielstellungen praktisch umzusetzen.

---

[15] Quelle: Bundesverband der Unfallkassen München, Schulbusunfälle, S. 23 f.

4.   Das Verhalten der anderen Verkehrsteilnehmer an Haltestellen

Da das größte Risiko, auf dem Schulweg einen Verkehrsunfall mit tödlichen Verletzungen zu erleiden, während des Überquerens der Fahrbahn lauert, muss im Rahmen dieser speziellen Risikobetrachtung der erste Blick auf das Fahrverhalten der Kraftfahrzeugführer an Bushaltestellen geworfen werden.

Ein gefordertes „vorsichtiges" Vorbeifahren im Sinne von § 20 setzt in der Regel eine mäßige Geschwindigkeit voraus, die im Einzelfall, etwa wenn mit dem Heraustreten von Kindern zu rechnen ist, auch die Reduzierung bis auf Schrittgeschwindigkeit bedeuten kann.[16] Dabei gilt die in § 20 geregelte Sorgfaltspflicht von Kraftfahrzeugführern beim Vorbeifahren an Omnibussen auch dann noch, wenn der Bus von der Haltestelle gerade losfährt, weil der Schutzbereich des § 20 insoweit den gesamten Vorgang des Haltens eines Busses umfasst, also inklusive der An- und Abfahrphase, die sich räumlich und zeitlich unmittelbar anschließt.

Bereits im Rahmen einfacher logischer Überlegungen sollte es Kraftfahrzeugführern bewusst sein, dass sie in den Morgenstunden und um die Mittagszeit beim Passieren von Haltestellenbereichen besonders mit Schulkindern rechnen müssen. Dieser Ansicht sind ebenso die beiden renommierten Verkehrsforscher *Dieter Ellinghaus* und *Jürgen Steinbrecher* in ihrer 21. UNIROYAL-Verkehrsuntersuchung unter dem Titel „Kinder in Gefahr". In diesen Zeiten gilt bereits die verschärfte Sorgfaltspflicht aus § 3 Abs. 2a, durch die nun nochmals die Regelungen des § 20 in ihrer Bedeutung erhöht werden. Ein Fahrzeugführer, der eine auf dem Gehweg bzw. dem daran angrenzenden Seitenstreifen befindlichen Gruppe aus etwa 8jährigen Schülern passieren will, darf auf der Mitte der von ihm befahrenen Fahrspur maximal mit einer Geschwindigkeit von 20 km/h fahren, hält er sich möglichst weit links im Fahrstreifen auf, mit maximal 25 km/h. Ein Vorbeifahren mit mindestens 45 km/h verstößt jedenfalls gegen § 3 Abs 2a.[17]

Kinder sind in diesen frühen Morgenstunden, in denen sie sich eher unfreiwillig denn freiwillig auf ihrem oft mühsamen Weg zu ihrer Schule befinden, nicht selten noch müde und entsprechend unkonzentriert, so dass ihre Wahrnehmung der konkret auf sie zukommenden Verkehrssituationen nicht immer reibungslos abläuft. Dies muss insbesondere von Kraftfahrzeugführern einkalkuliert und in eine besonders rücksichtsvolle Fahrweise umgesetzt werden.

Dem Schutzbereich des § 20 Abs. 1 unterfallen dabei nicht nur aussteigende Fahrgäste, sondern auch die auf einen Bus zulaufenden Personen, da diese den äußeren Eindruck vermitteln, als wollten sie den Bus erreichen, um mit ihm zu fahren.[18] Überquert z. B. ein Fußgänger unmittelbar vor einem in einer Haltebucht haltenden Linienbus die Fahrbahn und eilt auf den Bus zu, dann muss ein i.S.d. § 20 Abs. 1 vorsichtig vorbeifahrender Kraftfahrer dies bereits in dem Moment als Reaktionsaufforderung zum Bremsen annehmen, in dem der Fußgänger die Fahrbahn betritt, um rechtzeitig anhalten zu können.

---

[16] Saarländisches Oberlandesgericht Saarbrücken, Urteil vom 17. Juli 2007 – 4 U 338/06 - 108, juris, auch zum Folgenden.
[17] OLG Hamm, Urteil vom 19. November 1999 – 26 U 28/99, juris.
[18] Hanseatisches Oberlandesgericht Hamburg, Urteil vom 11. Februar 2005 – 14 U 195/03, juris, auch zum Folgenden.

Geschieht in diesen Zeiten ein Verkehrsunfall zwischen PKW und Kind, wird sich kein Kraftfahrzeugführer damit entschuldigen können, er habe nicht mit einem Kind auf oder an der Fahrbahn gerechnet. In diesen Fällen dürfte dann zumeist eine grobe Fahrlässigkeit auf Seiten der Kraftfahrzeugführer zu begründen sein.

Wenn sich Kinder erst einmal zum Überqueren der Straße entschlossen haben, so geschieht dieser Vorgang in der Laufgeschwindigkeit zumeist sehr zügig, wenn nicht sogar schnell. Kinder laufen, ihrem natürlichen Bewegungsdrang folgend, rennend über die Straße und gehen nicht – wie wohl die meisten Erwachsenen – bedachten, aber relativ zügigen Schrittes hinüber auf die andere Straßenseite, so dass Kraftfahrzeugführer ihr Fahrverhalten auf diese oft ignorierte oder doch zumindest verdrängte Tatsache einstellen müssen. Dieses Verhalten muss von Fahrzeugführern in ihr Fahrverhalten schon aufgrund von § 3 Abs. 2a einkalkuliert werden.

Nicht selten reizen einige Schulkinder ihre Fußwege zur Haltestelle auch zeitlich derart eng aus, dass sie gerade dann auf die Haltestelle zukommen, wenn der Schulbus bereits angekommen ist und der Einstieg zu drangvoller Enge im Eingangsbereich des Busses mit den entsprechenden Verzögerungen bei der Abfahrt führt. Diese Kinder hetzen dann gerade die letzten Meter zum Bus, ohne dabei auf den Verkehr zu achten und schaffen sich durch diese Hektik ohne Not gefährliche Situationen. Hier liegt eine besondere Verantwortung auf dem Elternhaus derartige Stresssituationen mit dem notwendigen Druck bereits an der Wurzel pädagogisch sinnvoll zu vermeiden.

Kinder müssen auch auf das verkehrsgemäß richtige Verhalten vorbereitet, d. h. trainiert, ja konditioniert werden. Unverzichtbar ist für ein solches Training, dass die Erziehungsberechtigten sich dieser Aufgabe verantwortungsbewusst annehmen. Auf diesem Weg sollten sie:

- Sich immer der Tatsache bewusst sein, dass sie die Vorbilder für ihre Kinder sind und Kinder ihre eigenen „Spiegelbilder" sind, und zwar auch im Verkehrsverhalten,
- den sichersten Weg zum Bus mit nachhaltiger Wirkung systematisch erlernen,
- alle auf dem Weg bestehenden Gefahrenmomente zunächst selbst ermitteln,
- Gefahrenbewusstsein bei den Kindern schaffen,
- die Bewältigung von Gefahren trainieren,
- Gehzeit kalkulieren und das rechtzeitige losgehen bestimmen, damit keine Zeitnot entstehen kann,
- an der Haltestelle das verkehrssichere Verhalten einüben.

Lehrer erteilen ihren Schülern in vielen Bundesländern an vielen Schulen Verkehrsunterricht nach bestimmten Lehrplänen. Ein Bestandteil des praktischen Unterrichts sollte stets das gemeinsame Kennenlernen des verkehrssicheren Verhaltens an Bushaltestellen sein.

5. Fahrgastklientel und Verkehrsverhalten

Wirft man zunächst einen Blick auf die Schüler als eines der wichtigsten Klientel der öffentlichen Verkehrsmittel und naturgemäß integrales Bestandteil der Schülerbeförderung so verwundert die Tatsache nicht, dass nach den Erkenntnissen der beiden Forscher *Hans Dürholt* und *Manfred Pfeiffer* 82 % der Schüler als wichtigsten Aspekt ihres Schulweges den Schutz vor Unfällen benennen.[19]

Auf Grund des hohen Verletzungsrisikos beim Überqueren der Straße wird deutlich, dass es sich bei diesem Verkehrsvorgang um einen neuralgischen Punkt der gesamten Verkehrssicherheitsarbeit handelt. Wichtige Voraussetzungen für das erfolgreiche Bewältigen des Überquerens der Straße sind gute räumliche Orientierung, korrekte Abschätzung von Geschwindigkeiten und richtiges Einschätzen von Abständen. An den Stellen im Verkehrsraum, wo insbesondere junge Schulkinder erfahrungsgemäß besonders häufig die Fahrbahn überqueren, aber auch auf Schulwegen allgemein hat sich der Einsatz von Schülerlotsen besonders bewährt (eine probate praktische Anleitung für diese Tätigkeit findet sich im Internetangebot des österreichischen Kuratoriums für Verkehrssicherheit mit der Schrift „Schulwegpolizei/Schülerlotsen – Schulwegsicherung" unter www.kfv.at). Eine sehr wichtige Folge dieses achtenswerten Ehrenamtes ist der konkrete Beitrag zur Verkehrssicherheit im örtlichen Nahraum. Dieser wünschenswerte Dienst an der Allgemeinheit, der jedoch stets gut geplant und öffentlichkeitswirksam begleitet werden will, steht und fällt mit dem sozialen Engagement der dafür in Frage kommenden Bürgerinnen und Bürger. So wundert es nicht, dass es gerade engagierte Senioren sind, auf die bei diesem Dienst gezählt werden kann.

Der Einsatz von Schülerlotsen wird regelmäßig durch das Hinweiszeichen „Verkehrshelfer" (Zeichen 356) angekündigt und findet vielerorts, mangels ausreichenden Personals, nur an den wirklich wichtigen, zentralen Punkten der Schulwege, d. h. rund um die Schulen herum statt.

Das Verhalten von erwachsenen Fahrgästen an Haltestellen ist dem gegenüber zumeist rational gesteuert und zweckorientiert darauf gerichtet, die Ein- und Aussteigevorgänge möglichst effektiv zu gestalten. Wenn dann im Bus auch noch ein Sitzplatz ergattert werden kann, obsiegt auch noch die Zufriedenheit mit der Verkehrmittelwahl gegenüber der reinen Zweckmäßigkeit der Beförderung.

Ein weiterer positiver Aspekt der Sicherheit in Bussen kann durch Busbegleiter oder Buslotsen erreicht werden wie dies erfolgreich im Freistaat Bayern erprobt worden ist. Diese der Schülerlotsung verwandte Sicherheitsinstrument lebt ebenso wie bei dem erprobten Beispiel des Einsatzes von Schülerlotsen zum sicheren Überqueren der Straßen von dem sozialen Engagement der beteiligten Verwaltungshelfer, bei denen durchaus auch ältere Schüler eingesetzt werden können.

---

[19] Aus ihrer Untersuchung „ÖPNV-Nutzung von Kindern und Jugendlichen" als Heft M 114 aus der Reihe „Mensch und Sicherheit" der Bundesanstalt für Straßenwesen https://www.bast.de.

6.   Das Verhalten von Fahrgästen an Haltestellen

Von einiger Bedeutung ist zunächst einmal die Betrachtung des Weges, den ein Fahrgast bis zum Erreichen der Haltestelle zurücklegen muss. Hier steht zunächst einmal eine effektive Planung der Örtlichkeiten von Haltestellen im Vordergrund, die füglich auf der Grundlage aktueller Verkehrszählungen und Verkehrsbefragungen erfolgen sollte. Alsdann dürfte auf der Grundlage der bekannten Verkehrsströme erkannt werden, an welchen Stellen z. B. die meisten Straßenüberquerungen und zu welchen Zeiten auf dem Weg zur betreffenden Haltestelle zu erwarten sind. Hier muss dann in einem zweiten Schritt das Verkehrsverhalten entsprechend überwacht werden.

Das Warten der Fahrgäste an Haltestellen funktioniert nur in den Fällen reibungslos, in denen diese (Un-) Tätigkeit von allen wartenden Fahrgästen auch ausgeglichen hingenommen wird. Dazu ist es zunächst einmal erforderlich, dass in den Haltestellenbereichen keine drangvolle Enge herrscht, wenn sich dort wartende Fahrgäste aufstauen.

Ein Sonderproblem sind die wartende Schulkinder, von denen sich viele, bedingt durch zahlreiche spezifische Umstände, in und außerhalb von Schulen kaum mehr ruhig verhalten können. Dieses unstete Verhalten, dass sich bei einigen Kindern in aggressivem Verhalten äußert, führt nicht selten auch zu Rangeleien im Haltestellenbereich. So lange diese Rangeleien auf dem Gehweg bzw. dem Seitenstreifen stattfinden, sind die Sicherheitsrisiken begrenzt. Führen diese Rangeleien jedoch dazu, dass einzelne Kinder oder Gruppen zu dieser Art des Spiels auch die Fahrbahn benutzen, kann es zu gefährlichen Situationen in Begegnung mit dem Fahrverkehr kommen. Derartige Situationen eskalieren dann unkontrolliert, wenn Kinder durch andere Kinder vor ankommende Busse gestoßen werden – eine Situation, die nach Erkenntnissen der Schweizerischen Beratungsstelle für Unfallverhütung oftmals vorkommt (www.bfu.ch in ihrer Broschüre „Mit dem Bus sicher zur Schule").
Auch in diesen Fällen stehen – wie überhaupt in der Verkehrserziehung – zuerst die ihre jüngeren Schulkinder begleitenden Eltern in der Verantwortung, bereits an den Haltestellen auch gegenüber anderen Kindern pädagogisch geschickt für die notwendige Ruhe und Ordnung zu sorgen. Ihre soziale Aufgabe wäre es, besonders gefährliche Verhaltensweisen einiger weniger Schulkinder gar nicht erst zuzulassen wie etwa das Nebenherlaufen neben ankommenden Bussen, um möglichst als erster an der Einstiegstür anstehen zu können und einen Sitzplatz erreichen zu können.

7.   Der betriebssichere Zustand von Bussen

Auch die Fahrzeugsicherheit von Bussen ist stets ein Thema von großer Relevanz für die Verkehrssicherheit auf den Straßen in Deutschland (nähere Informationen zur Schulbussicherheit finden Sie unter der Adresse der einschlägig arbeitenden Elterninitiative www.ndt.net/home/schulbusse/).
Die in diesem Aufsatz behandelte Vorschrift des § 20 widmet sich jedoch ausschließlich den Aspekt des Verkehrsverhaltens und nicht die technische Ausrüstung bzw. den technischen Zustand von Schulbussen, die beide Themen der Straßenverkehrs-Zulassungsordnung (StVZO) darstellen.

8. Das Fahrpersonal

In aller Regel handelt es sich bei dem Fahrpersonal von öffentlichen Verkehrsmitteln um besonders erfahrene und bedacht handelnde Kraftfahrzeugführer, die sich auch von der sonst spürbaren Hektik im Verkehrsgeschehen kaum aus ihrer Ruhe bringen lassen. Diese Wahl ist aus Gründen der Verkehrssicherheit besonders wertvoll und wird im Bereich der Schülerbeförderung sehr wichtig, um auch rüpelhaft handelnden Schülern mittels sicherer Wortwahl und standhaftem Verhalten ein verkehrssicheres Verhalten im und um den Bus herum stringent nahe legen zu können.

Für das aus Sicherheitsbelangen besonders wichtige Verhalten der Fahrgäste in den Bussen während der Fahrt erfüllen die Busfahrer die bei weitem wichtigste Ordnungsfunktion. Hier zeigt sich, welche Busfahrer über eine natürliche und allseits akzeptierte Autorität, insbesondere gegenüber potenziell aufmüpfigen Fahrschülern besitzen. Eine solche Autorität entsteht nicht aus der Natur der Sache, z. B. über eine entsprechende Uniformierung der Fahrer, sondern muss über den geübten vertrauensvollen Umgang mit den Schülern erworben werden, um Früchte in Form von Sicherheitsgewinnen zeigen zu können.

Sinnvoll wäre eine besondere Dienstanweisung für Schulbusfahrer, welche die wichtigsten Regelungen für das Verhalten vor, während und nach der Schülerbeförderung inhaltlich abdeckt und daher einerseits disziplinierend, andererseits Rechtssicherheit verschaffend wirken kann.

Aber auch das Fahrpersonal ist vor eigenen Fahrfehlern nicht sicher. Voraussetzung für den Vorrang eines Schul- oder Linienbusses an gekennzeichneten Haltestellen ist z. B., dass der Busfahrer seine Abfahrabsicht rechtzeitig unter Benutzung des Fahrtrichtungsanzeigers ankündigt. Trotz dieses aus § 20 Abs. 5 Satz 1 folgenden Vorrechtes darf ein Busfahrer den fließenden Verkehr nicht gefährden oder gar blindlings unter Gefährdung des fließenden Verkehrs auf die Vorrangachtung vertrauen oder seinen Vorrang zu erzwingen suchen.[20]

9. Fahrtstrecke und Fahrplan

Die Planung von Fahrtstrecken und Fahrplänen im öffentlichen Personenverkehr ist eine verantwortungsvolle und schwierige Tätigkeit, die sich trotz aller betriebswirtschaftlichen Notwendigkeiten in erster Linie an den Anforderungen der Verkehrssicherheit orientieren sollte. Im Rahmen dieser komplexen planerischen Tätigkeit ist ein konstruktives Zusammenwirken aller zwangsläufig beteiligten Institutionen im Sinne eines höchstmöglichen Sicherheitsstandards erforderlich. Dabei müssen für die betreffenden Streckenabschnitte z. B. Faktoren wie Straßenbreiten, Lage der Haltestellen, örtliches Fahraufkommen und notwendige Taktfrequenz in Einklang gebracht werden. Insbesondere in den ländlichen Regionen müssen Schüler und andere Fahrgäste dabei relativ weite und oft unbefestigte Fußwege entlang von Straßen mit zahlreichen Straßenüberquerungen in Kauf nehmen, um Haltestellen erreichen zu können. In diesen Fällen können auch Schulen mit einer jahreszeitlich differierenden Anfangszeit für den Unterricht auf Sicherheitsaspekte sinnvoll reagieren und ein die Verkehrssicherheit nicht förderliches Verlassen des Elternhauses vor sechs Uhr verhindern. Durchaus möglich wäre im Sinne der Verkehrssicherheit auch eine Schulzeitstaffelung, welche die besonderen Härten für Fahrschüler berücksichtigen könnte.

---

[20] LG Karlsruhe, Urteil vom 24. Februar 2011 – 1 S 129/10, juris.

10. Verkehrsplanung und Verkehrsregelung

Die bauliche Planung und spätere Gestaltung der Haltestellenbereiche sollte besonders sorgfältig durchdacht und umsichtig umgesetzt werden.[21] Zunächst ist bei der Auswahl des Haltestellenbereiches darauf zu achten, dass eine möglichst übersichtliche Stelle im Verkehrsraum ausgesucht wird, die allen beteiligten Verkehrsteilnehmern einen möglichst guten Einblick in die Örtlichkeit zu verschaffen vermag.

Bei der Auswahl eines Ortes für eine Haltestelle bedarf es eines sorgfältigen Abwägungsvorgangs, bei dessen Auswirkungen auch private Eigentümer von Verkehrsflächen betroffen sein können. Besteht z. B. eine Gefahr für die Sicherheit der Fahrgäste, weil ein Bahnhofsvorplatz wegen Grundstückseigentümerwechsels nicht mehr anfahrbar ist, kann sogar eine Duldungsverfügung an den Grundstückseigentümer ergehen.[22]

Aufgrund der außerorts gefahrenen höheren Geschwindigkeiten ist es an den Ortsrandlagen stets besser, die Haltestellen innerhalb der geschlossenen Ortschaft zu planen, da dort die Geschwindigkeit nicht erst mittels Zeichen 274 (§ 41 Abs. 2 Nr. 7) herabgesetzt werden muss. Ist in ländlichen Räumen eine Planung der Haltestellen i.g.O. nicht möglich, so dürfen die an Haltestellenbereichen a.g.O. gefahrenen Geschwindigkeiten nicht außer Verhältnis zu dem dort regelmäßig in Längsrichtung und Querrichtung stattfindenden Fußgängerverkehr stehen. Als Grundlage für eine Herabsetzung der Geschwindigkeit dient die Allgemeine Verwaltungsvorschrift zur StVO (VwV-StVO) zu § 41 zu Zeichen 274 unter I., wonach Beschränkungen der Geschwindigkeit dort angeordnet werden sollen, weil eine unangemessene Geschwindigkeit dort mit Sicherheit zu erwarten ist. Diese Geschwindigkeitsbeschränkungen dürfen auf der Grundlage der staatlichen Schutzpflichten sowie des Schutzbereiches von § 20 an Haltestellenbereichen außerhalb geschlossener Ortschaften (a.g.O.) bereits präventiv angeordnet werden, ohne dass es zuvor zu Verkehrsunfällen mit Fußgängern oder konkreten Gefährdungen gekommen ist. Bei der mittels Zeichen 274 zu wählenden Geschwindigkeit sollte bei Haltestellen a.g.O. ebenfalls berücksichtigt werden, dass die Beleuchtungsverhältnisse an diesen Orten besonders morgens, wenn sich Schulkinder auf dem Weg zu ihrer Schule befinden, zumeist dunkel und dadurch unübersichtlich ist.

Auch die straßenbauliche Gestaltung von Haltestellenbereichen gelingt nicht immer zufriedenstellend im Sinne der Verkehrssicherheit. Warum z.B. deutschlandweit erst sehr wenige Haltestellenbereiche mittels farblicher Markierungen wie etwa die Haltebereiche im Schienenverkehr so gestaltet sind, dass Gefahrenzonen sichtbar hervortreten, kann nur mit einer nachlässigen Arbeits- und Verhaltensweise in den beteiligten Behörden erklärt werden. Dabei gibt es bereits positive Beispiele, die allerdings erst noch Schule machen müssen.

Wichtig ist in diesem Zusammenhang die Beachtung der VwV-StVO zu § 20 zu dessen Abs. 4, wonach es eine zwingend von der Straßenverkehrsbehörde zu beachtende Verpflichtung darstellt, vor der Festlegung von Haltestellen von Schulbussen folgende fünf Gruppen bereits präventiv anzuhören und nicht erst zu einem Zeitpunkt tätig zu werden, wenn sich bereits ein Verkehrsunfall mit einem Schulkind bzw. konkrete Gefährdungen von Schulkindern zu beklagen sind:

---

[21] Vgl. dazu auch Diederichs, Rolf, „Sicherheit an Haltestellen – Analyse, Forderungen und Empfehlungen", S. 10 f., 15 f.
[22] VG Neustadt (Weinstraße), Beschluss vom 13. Mai 2014 – 3 L 365/14.NW, juris.

1. die Polizei,
2. die Straßenbaubehörde,
3. die betreffende Schule,
4. den betreffenden Schulträger und
5. den oder die betreffenden Schulbusunternehmer.

Es empfiehlt sich, Haltestellen insbesondere in die Bereiche vor Kreuzungen zu platzieren. Diese Wahl empfiehlt sich gerade deshalb, weil die zum Erreichen der Haltestellen erforderlichen Überquerungen der Straße in den Bereichen besonders gefährlich sind, wo sich die Haltestellen auf freier Strecke befinden. Auf freier Strecke werden von den Kraftfahrzeugführern stets die höchstmöglichen erlaubten Geschwindigkeiten gefahren, die das Überqueren der Straße jeweils besonders gefährlich machen. Sichere Querungen sind dort besonders für Kinder oft lebensgefährlich, so dass die Verbindung von mit Lichtzeichenanlagen versehenen Kreuzungsbereichen mit in der Nähe befindlichen Haltestellen ihnen lebensverlängernde Sicherheitsreserven geben können.

Wie wichtig und geradezu rechtsbegründend auch bei Bedarfshaltestellen für den Schülerverkehr die Ausschilderung eines Haltestellenbereiches ist, zeigt die Entscheidung des *OLG Oldenburg*, bei der die Durchsetzung der zivilrechtlichen Rechtsansprüche eines schwer verletzten Schülers gerade deswegen scheiterte, weil der Schulbus an einer Stelle anhielt, die nicht deutlich und für alle Verkehrsteilnehmer erkennbar mittels eines Schildes als Bushaltestelle ausgewiesen war.[23]

Aus Sicherheitsgründen wird für den Warteraum eine befestigte Fläche benötigt, die gegenüber der Fahrbahn zumindest niveaugleich, besser noch niveauerhöht ist. Ein überdachtes Wartehäuschen sorgt nicht nur für Schutz vor schlechter Witterung, sondern auch für geordnete Warteverhältnisse und damit für ein Stück mehr an Stressfreiheit im Warteraum.

Die Verbindung zwischen Haltestellen und Zebrastreifen (Zeichen 293) bietet Schulkindern und auch erwachsenen Fahrgästen oft nur eine trügerische Sicherheit, da es gerade an diesen Stellen, an denen dem Fußgängerverkehr ein Vorrang eingeräumt ist, einerseits häufig zur Missachtung des Vorrangs durch eilige Kraftfahrzeugführer kommt, andererseits sich aber Fußgänger oft auf die Schutzwirkung des Zebrastreifens verlassen und unvorsichtig die Fahrbahn überqueren.

Ratsamer wäre es in diesen Fällen, wo Haltestellen mangels nahe liegender Kreuzungsbereiche zwingend auf freier Strecke geplant werden müssen, die Haltestellen in unmittelbarer Nähe mit einer bedarfsgesteuerten Fußgängerampel zu versehen oder, wo aufgrund der Straßenbreite möglich, die Fahrbahn mit einer Verkehrsinsel als Fahrbahnteiler zu versehen, die das Überqueren erheblich erleichtert.

---

[23] VRS 75, 279 ff.

IV. Verkehrsüberwachung

Die polizeiliche Verkehrsüberwachung der Haltestellenräume ist in weiten Bereichen Deutschlands leider ein Stiefkind in der Sicherheitsarbeit der Polizei. Dafür ist nicht zuletzt der oft verkehrsfremde Einsatz der Beamten der Schutzpolizei eine bedeutende Ursache, die immer öfter als Begleiter von Demonstrationszügen, als Aufpasser in Deutschlands Fußballstadien und als Begleiter im Transport von Kernbrennstoffen aus Steuergeldern finanzierte Sonderaufgaben wahrnehmen müssen und aus diesen Gründen der wichtigen Aufgabe der Verkehrsüberwachung immer seltener zur Verfügung stehen.

Dabei sollte es gerade auf der örtlichen Ebene eine neue Domäne der in jedem Polizeirevier vorhandenen erfahrenen Bürgerpolizisten sein, gerade die Bereiche der Haltestellen von öffentlichen Verkehrsmitteln zu ihrer besonderen Schutzzone zu erklären. Bereits ihre bloße uniformierte Anwesenheit trägt im Wege der dort (noch) spürbaren Amtsautorität einen großen Teil zum Schutz der Fahrgäste bei.
Zwar wird die Überwachung der Schrittgeschwindigkeit in Polizeikreisen überwiegend als problematisch eingeschätzt, da mit technischen Messungen auf Grund des notwendigen Abzugs der Toleranzwerte und des Absehens von Verfolgung bei Überschreitungen von nicht mehr als 5 km/h als Geschwindigkeitsüberschreitung erst einmal ein Wert von 20 km/h festgestellt werden muss. Jedoch genügt nach den Kriterien der Rechtsprechung zur Feststellung des Überschreitens der Schrittgeschwindigkeit die Schätzung eines erfahrenen Polizeibeamten an Hand von nachvollziehbaren Kriterien, so zumindest die Ansicht des juristisch bedeutsamen Bayerischen Obersten Landesgerichts. Gegen die Zulässigkeit einer auf diese Weise erfolgten Geschwindigkeitsermittlung durch Schätzung eines Polizeibeamten bestehen jedenfalls dann keine Bedenken, wenn dem Betroffenen nicht zur Last gelegt wird, mit einer bestimmten Geschwindigkeit gefahren zu sein, sondern wenn der Polizeibeamte mittels Schätzung festgestellt hat, dass der Fahrer deutlich über der vorgeschriebenen Schrittgeschwindigkeit (an einer Schulbushaltestelle) gefahren ist.[24] In dem vom BayObLG entschiedenen Fall genügte zudem die Feststellung, dass der Kraftfahrzeugführer seine Geschwindigkeit beim Passieren des Busses nicht reduziert hatte, was regelmäßig unschwer an den nicht aufleuchtenden Bremslichtern zu erkennen ist.

Noch schlechter ist die Überwachungssituation der an Haltestellen gefahrenen Geschwindigkeiten durch die kommunale Geschwindigkeitsüberwachung. Da die Kommunen in aller Regel lediglich über Messgeräte auf der Basis von Lichtschranken und Radar verfügen, die jeweils nur für Durchfahrtskontrollen geeignet sind, werden Haltestellen im Regelfall von keiner kommunalen Verkehrsüberwachung berücksichtigt. Diese Vernachlässigung ist unter dem Aspekt des Schutzauftrages von Straßenverkehrsbehörden für die Verkehrssicherheit kaum nachvollziehbar.

---

[24] Bayerisches Oberstes Landesgericht, Beschluss vom 20. Oktober 2000 – 2 ObOWi 500/00, juris.

V.   Verkehrspädagogische und verkehrspsychologische Aspekte der Sicherheit des Busverkehrs

Vollkommen unklar und verkehrspädagogisch nicht zu vermitteln ist die Tatsache, dass einerseits für den Transport von Personen in KFZ des Individual- und Güterverkehrs die Ausrüstung von KFZ mit Sicherheitsgurten ebenso unstrittig ist wie der Gebrauch derselben und andererseits in Linienbussen bzw. Schulbussen eine Nachrüstung der älteren Busse mit Sicherheitsgurten nicht ernsthaft erwogen wird. Desgleichen wird das Sicherheitsproblem, dass selbst in Schulbussen nicht einmal jedem Schüler ein Sitzplatz – und sei es auch einer ohne Sicherheitsgurt – zur Verfügung steht, verkehrspolitisch wenn nicht vollkommen ignoriert, so doch zumindest vernachlässigt. Eine Sitzplatzgarantie für sämtliche zu befördernden Schüler wird u. a. auch gefordert vom GDV.[25]
Sinnvolle Präventivaktionen finden sich vielerorts zu Beginn der Schulzeit nach den Sommerferien, wenn die Schulanfänger den ersten Kontakt mit ihrem künftigen Schulweg suchen und finden müssen. Zwar werden gerade die jüngsten Schüler ihre zumeist (noch) kurzen Schulwege im Regelfall in schützender elterlicher Begleitung absolvieren, doch ist es gerade in diesen ersten Wochen besonders wichtig, die anderen Verkehrsteilnehmer und insbesondere die Kraftfahrzeugführer präventiv auf diese neuen Sicherheitsrisiken aufmerksam zu machen. Dies geschieht z. B. im Freistaat Sachsen regelmäßig durch die Sicherheitsaktion „Blitz for Kids", in deren Rahmen konzentriert im Bereich von Schulen und Haltestellenbereichen die Geschwindigkeit der KFZ überwacht wird. Dabei werden in der ersten Woche bei geringfügigen Überschreitungen der Geschwindigkeit lediglich mündliche Verwarnungen ausgesprochen, wobei als Clou des Ganzen rund um den anhaltenden Polizeibeamten eine Gruppe von Schulkindern platziert wird, deren nachhaltige Wirkung auf die ertappten Kraftfahrzeugführer nicht unterschätzt werden darf. In der zweiten, direkt folgenden Woche wird an denselben Örtlichkeiten nochmals kontrolliert, wobei nun „scharf" gemessen und konsequent geahndet wird.

VI.   Fazit

Die Sicherheit im Verkehr mit Bussen lebt von einem ehrlichen und aufmerksamen Miteinander der beteiligten Organisationen, Institutionen und Menschen. Dabei sollte allen die Sicherheit der schwächsten Verkehrsteilnehmer, der Kinder und Senioren am meisten am Herzen liegen. Ihre Sicherheit zu gewährleisten, ist auch eine vordringliche Aufgabe der drei Verkehrsbehörden Polizei, Straßenverkehrsbehörde und Straßenbaubehörde, die als beteiligte Institutionen des Staates helfend und – wo nötig – korrigierend eingreifen müssen, um die Sicherheit zu gewährleisten.

Wirtschaftliche Argumente dürfen in diesem Zusammenhang der Verkehrssicherheit keine entscheidende Rolle spielen, sondern allenfalls als Rahmendaten aus Effizienzgesichtspunkten mitberücksichtigt werden. Vollkommen abzulehnen ist es jedenfalls, wenn aus wirtschaftlichen Gründen auf Sicherheitskontrollen durch staatliche Instanzen und Verkehrsbetriebe vollends verzichtet würde.

Verkehrssicherheit ist aktiver Lebensschutz und damit eine Daueraufgabe des Staates im Rahmen seiner Schutzpflicht gemäß Art. 2 Abs. 2 GG, das Leben und die körperliche Unversehrtheit der Menschen in Deutschland auf jede nur erdenkliche Weise zu schützen.

---

[25] Gwehenberger, Johann, „Wie gefährdet sind Buspassagiere?".